BEI GRIN MACHT SICH IHR WISSEN BEZAHLT

- Wir veröffentlichen Ihre Hausarbeit,
  Bachelor- und Masterarbeit

- Ihr eigenes eBook und Buch -
  weltweit in allen wichtigen Shops

- Verdienen Sie an jedem Verkauf

Jetzt bei www.GRIN.com hochladen und kostenlos publizieren

Trainingsplan zum Muskelaufbau, zur Fettreduktion sowie Verringerung des Taille-Hüft-Quotienten für eine 21-jährige Kundin

GRIN ☺

Bibliografische Information der Deutschen Nationalbibliothek:

Die Deutsche Nationalbibliothek verzeichnet diese Publikation in der Deutschen Nationalbibliografie; detaillierte bibliografische Daten sind im Internet über http://dnb.d-nb.de abrufbar.

ISBN: 9783346826909
Dieses Buch ist auch als E-Book erhältlich.

Druck und Bindung: Books on Demand GmbH, Norderstedt Germany
Gedruckt auf säurefreiem Papier aus verantwortungsvollen Quellen

Das vorliegende Werk wurde sorgfältig erarbeitet. Dennoch übernehmen Autoren und Verlag für die Richtigkeit von Angaben, Hinweisen, Links und Ratschlägen sowie eventuelle Druckfehler keine Haftung.

Das Buch bei GRIN: https://www.grin.com/document/1330142

Deutsche Hochschule für

Prävention und Gesundheitsmanagement

Hermann Neuberger Sportschule 3

66123 Saarbrücken

Einsendeaufgabe

Fachmodul:	Trainingslehre I
Studiengang:	B.A. Sportökonomie
Datum **Präsenzphase**	**29.06. - 02.07.2020**
Matrikelnummer:	
Name, Vorname:	
Studienort:	**München**
Semester:	**2. Semester**

Inhaltsverzeichnis

1   DIAGNOSE...4

1.1   Allgemeine und biometrische Grundlagen..4

1.2   Krafttestung mittels Mehrwiederholungskrafttest..................................6

   1.2.1   Begründung...6

   1.2.2   Testablauf...7

   1.2.3   Konsequenzen...8

2   ZIELSETZUNG/PROGNOSE...9

2.1   Zielsetzung I: Muskelaufbau..9

2.2   Zielsetzung II: Fettreduktion..9

2.3   Zielsetzung III: Verringerung Taille-Hüft-Quotient................................9

3   TRAININGSPLANUNG MAKROZYKLUS...10

3.1   Begründung der Trainingsmethoden..10

3.2   Begründung der Belastungsparameter..11

3.3   Begründung der Organisationsform..11

3.4   Begründung der Periodisierung..12

4   TRAININGSPLANUNG MESOZYKLUS...13

4.1   Darstellung Mesozyklus I...13

4.2   Begründung der Übungsauswahl..13

4.3   Begründung der einzelnen Übungen..14

   4.3.1   Beinpresse sitzend..14

   4.3.2   Latzug an der Maschine..14

   4.3.3   Bankdrücken an der Maschine...14

   4.3.4   Rudern an der Maschine...15

   4.3.5   Rumpfextension an der Maschine..15

   4.3.6   Rumpfflexion an der Maschine..15

5   LITERATURRECHERCHE ZU „EFFEKTE DES KRAFTTRAININGS BEI RÜCKENBESCHWERDEN"..**16**

6   LITERATURVERZEICHNIS...**18**

7   TABELLENVERZEICHNIS...**20**

1 Diagnose

1.1 Allgemeine und biometrische Grundlagen

Vor jeder Trainingsplanung ist ein Eingangsgespräch von großer Wichtigkeit. Denn hierbei werden alle relevanten Daten gesammelt, die für eine erfolgreiche Zielerreichung ausschlaggebend sind.

Tabelle 1: Allgemeine und biometrische Daten (eigene Darstellung)

Alter	21 Jahre
Geschlecht	Weiblich
Körpergröße	166 cm
Körpergewicht	56,6 kg
Fettanteil	25,1%
Taille-Hüft-Quotient	0,78 Taillenumfang: 68,64 cm Hüftumfang: 88 cm
BMI	20,5
Ruhepuls	48 bpm
Blutdruck	118/75 mmHg
Gesundheitszustand	- schon seit einigen Jahren Rücken-/ Nackenschmerzen - Hüftoperation vor drei Monaten (Impingement-Syndrom) - keine Medikamenteneinnahme
Trainingsmotive	- Muskelaufbau nach OP - Verbesserung der Rückenbeschwerden - Fettreduktion
Berufliche Tätigkeit	Bankangestellte → vorwiegend sitzende Tätigkeit

Aktuelle sportliche Aktivität	- Im Moment nur Rehasport, aufgrund der OP
	- Ansonsten:
	  - seit neun Jahren Triathlon
	  - seit fünf Jahren Kraftsport

Frühere sportliche Aktivität	Tanzen, Reiten, Handball, Tennis
Leistungsgrad	Zustand nach langer prä- und postoperativer Trainingspause (insgesamt 15 Monate) → Trainingsbeginner
Zeitlicher Verfügungsrahmen	drei bis vier Mal pro Woche
sonstiges	- Eingeschränkte Beweglichkeit im operierten Gelenk - ansonsten hypermobil

Bewertung der Daten:

Der ermittelte Body-Mass-Index meiner Kundin liegt mit dem Alter von 21 Jahren, der Körpergröße von 166 cm und dem Körpergewicht von 56,6 kg bei 20,5. Dieser liegt – wie in Tabelle 2 zu sehen – nach der Klassifikation der WHO (modifiziert nach Bohlen, A., et al., 2014, S. 417) im Bereich des Normalgewichts. Des Weiteren liegt auch der Taille-Hüft-Quotient nach der DGSP (2007, S. 26) mit 0,78 im Normalbereich (s. Tabelle 3).

Tabelle 2: Einteilung des Body-Mass-Index nach der World Health Organisation (modifiziert nach Bohlen et al., 2014, S. 417)

Einteilung	BMI (kg/m²)
Untergewicht < 18,5	
Starkes Untergewicht	< 16
Mäßiges Untergewicht	16,0 – 16,9
Mildes Untergewicht	17,0 – 18,4
Normalgewicht 18,5 – 24,9	
Übergewicht ≤ 25,0	
Grenzwertig	25,0 – 29,9
Adipositas ≥ 30,0	
Klasse I	30,0 – 34,9
Klasse II	35,0 – 39,9
Klasse III	≥ 40,0

Tabelle 3: Einteilung des HBU (Taille-Hüft-Quotient) nach der DGSP (2007, S. 26)

Einteilung	Frauen	Männer
Normalgewicht	< 0,8	< 0,9
Übergewicht	0,8 – 0,84	0,9 – 0,99
Adipositas	> 0,85	> 1,0

Zudem lässt sich laut Tabelle 4 nach der Klassifikation der American Heart Association (modifiziert nach Manica, G. Et al., 2013, S. 1286) schließen, dass sich der Blutdruck meiner Kundin im optimalen Bereich befindet, was sich auf das jahrelange Ausdauertraining im Triathlonsport zurückleiten lässt. Aufgrund dessen ist der gemessene Ruhepuls auch niedriger als der von Schaal (2016, S. 84) angegebene Normalbereich. Die Probandin „leidet" nach Weineck (1998, S. 88) also unter einem so genannten Sportherz.

Tabelle 4: Klassifikation des Blutdrucks nach der American Heart Association (modifiziert nach Manica et al., 2013, S. 1286)

Bewertungsstufen	Systolischer Blutdruck	Diastolischer Blutdruck
Normotonie (Normalblutdruckwerte)		
Optimal	< 120 mmHg	< 80 mmHg
Normal	< 130 mmHg	< 85 mmHg
Hochnormal	130 – 139 mmHg	85 – 89 mmHg
Arterielle Hypertonie		
Stufe I	140 – 159 mmHg	90 – 99 mmHg
Stufe II	160 – 179 mmHg	100-109 mmHg
Stufe III	> 180 mmHg	> 110 mmHg

Tabelle 5: Belastbarkeit und Trainierbarkeit anhand des allgemeinen Gesundheitszustandes (eigene Darstellung)

Allgemeiner Gesundheitszustand	Belastbarkeit & Trainierbarkeit
- Sportherz → niedrigerer Blutdruck und Ruhepuls - Normalgewicht - Zustand nach Hüftoperation → Bewegungseinschränkung - ohne Medikamenteneinnahme	Aufgrund des Sportherzes ist das Herz-Kreislauf-System als sehr gut trainiert einzustufen. Da die Kundin allerdings aus der Rehabilitation kommt und noch Bewegungseinschränkungen im operierten Gelenk hat, sollte dies bei den Trainingsinhalten berücksichtigt werden. Vor allem beim Training der Beine und des unteren Bauches ist die Intensität niedriger anzusetzen.

1.2 Krafttestung mittels Mehrwiederholungskrafttest

1.2.1 Begründung

Vor jeder Trainingsplanung sollte ein ein Krafttest durchgeführt werden, um den aktuellen Leistungsgrad des Trainierenden und folglich die Trainingsintensität bestimmen zu können.

Im Falle meiner Testperson wird der Mehrwiederholungskrafttest (X-RM-Test) angewendet, um die Gelenke der Probandin nach langer Trainingspause und Operation nicht zu hohen Belastungen auszusetzen.

Denn der Maximalkrafttest (1-RM-Test) bringt laut Haupert (2007, S. 68) aufgrund der hohen Gewichtsbelastung eine „latente gesundheitliche Gefährdung" mit sich.

Die Methode des subjektiven Belastungsempfindens wurde ebenfalls als ungeeignet eingestuft, da die Gefahr der Über- bzw. Unterforderung zu groß ist.

Somit viel die Auswahl auf den Mehrwiederholungskrafttest. Das Ziel der Testung ist es nach Eifler (2013, S. 73) „das maximale Gewicht für diejenige Wiederholungszahl auszutesten, mit der im folgenden Zyklus trainiert werden soll". Da im ersten Mesozyklus im Bereich der Kraftausdauer mit 20 Wiederholungen trainiert werden soll, wird beim Krafttest die gleiche Wiederholungsanzahl festgelegt.

1.2.2   Testablauf

Vor dem eigentlichen Test wird ein allgemeines sowie spezielles Aufwärmen durchgeführt. Beim allgemeinen Aufwärmen läuft die Kundin circa fünf Minuten auf einem Cross-Trainer bei moderater Belastung – das heißt mit 60% der maximalen Herzfrequenz (Eifler, 2013, S. 110). Hierdurch soll die Körperkerntemperatur auf 38 – 38,5°C erhöht werden, sodass die biochemischen Stoffwechselvorgänge sowie die Durchblutung angeregt werden.

Das anschließende spezielle Aufwärmen besteht aus einem „Aufwärmsatz mit 50% der im ersten Testsatz aufgelegten Gewichtslast" (Eifler, 2013, S. 110). Im Zuge dessen, wird aktiver sowie passiver Bewegungsapparat moderat aktiviert und so auf die folgenden Belastungsmuster vorbereitet, wodurch Verletzungen vorgebeugt werden soll.

Der X-RM-Test wird nun mit den Übungen und Wiederholungen durchgeführt, die für den ersten Mesozyklus geplant sind. Dabei ist es wichtig, dass maximal drei Testsätze mit 20 Wiederholungen durchgeführt werden. Dazwischen sollte eine Satzpause à drei Minuten liegen. Das Gewicht wählt der Testleiter nach der subjektiven Einschätzung des Sportlers aus (Eifler, 2013, S. 110-111). Es sollte so gewählt werden, dass eine saubere 21. Wiederholung nicht mehr möglich ist (Pauls, 2015, S. 19).

Tabelle 6: Ergebnisse des 20-RM-Tests für Mesozyklus 1 (eigene Darstellung)

Übung	Wiederholun-gen	1. Satz	2. Satz	3. Satz	Ergebnis
Beinpresse sitzend		45 kg	50 kg	55 kg	55 kg
Latzug		25 kg	27,5 kg	-	27,5 kg
Brustdrücken	20	17,5 kg	20 kg	22,5 kg	22,5 kg
Rudern		22,5 kg	25 kg	-	25 kg
Rumpfexten-sion		15 kg	17,5 kg	-	17,5 kg
Rumpfflexion		10 kg	15 kg	20 kg	20 kg

Bemerkung 1: alle Übungen werden an der Maschine durchgeführt, um einen möglichst einheitlichen Test zu generieren.

1.2.3 Konsequenzen

Auch wenn alle Übungen an der Maschine durchgeführt werden, ist ein interindividueller Leistungsvergleich nicht möglich, da „es unmöglich (ist) alle Faktoren so zu kontrollieren, dass die Testbedingungen für alle Probanden (...) gleich sind" (Haupert, 2007, S. 68).

Jedoch kann ein intraindividueller Leistungsvergleich mit Hilfe eines Wiederholungstest vollzogen werden. Hier müssen allerdings die genau gleichen Bedingungen vorausgesetzt sein, wie beim Ersttest. So muss dir Organisation – das heißt Wochentag und Uhrzeit – sowie der Test an sich, also das Aufwärmen, die Testdurchführung mit der Auswahl der Übungen und den Wiederholungen, genau gleich ablaufen.

Die aus dem X-RM-Test hervorgegangenen Intensitäten, dienen „als Referenzgröße für die Berechnung der Trainingsintensitäten" (Eifler, 2013, S. 73).

2 Zielsetzung/Prognose

2.1 Zielsetzung I: Muskelaufbau

Im Eingangsgespräch äußerte meine Kundin als primäres Ziel den Muskelaufbau, da sie aufgrund der langen Trainingspause einiges an Muskelmasse verloren hat. Eine Muskelmassenzunahme von zwei bis drei Kilogramm innerhalb der nächsten sechs Monate wird als realistisch eingestuft.

2.2 Zielsetzung II: Fettreduktion

Zusätzlich wünscht die Kundin ihren Körperfettanteil um drei bis vier Prozent innerhalb der nächsten vier Trainingsmonaten zu reduzieren. Auch dies kann bei regelmäßigem Kraft- und Ausdauertraining erreicht werden.

2.3 Zielsetzung III: Verringerung Taille-Hüft-Quotient

Mit Ziel II einhergehend ist eine Verringerung des Taille-Hüft-Quotienten laut Aussage wünschenswert. Der aktuelle Bauchumfang der Kundin beträgt circa 68,6 cm. Dieser soll im Laufe des Trainings auf 66 cm reduziert werden um auf einen Taille-Hüft-Quotienten von 0,75 zu gelangen.

Tabelle 7: Darstellung der Ziele

Ziel	Ausmaß	Zeit
Muskelaufbau	2-3kg	6 Monate
Fettreduktion	3-4%	4 Monate
Reduktion Taillenumfang	2,6	4 Monate

3 Trainingsplanung Makrozyklus

	Mesozyklus I	Mesozyklus II	Mesozyklus III	Mesozyklus IV
	umfangsorientiert		intensitätsorientiert	
Dauer	6 Wochen	6 Wochen	6 Wochen	6 Wochen
Methodik	Kraftausdauer	Übergangstrai-ning	Muskelaufbau extensiv	Muskelaufbau intensiv
Einheiten pro Woche	2	2	3	3-4
Organisation	Ganzkörper Kreistraining	Ganzkörper	Ganzkörper	Split
Übungen pro Muskelgruppe	1-2	1-2	1-2	3
Sätze pro Übung	2 Runden	2	3	3-4
Satzpause	30 Sekunden	45 Sekunden	120 Sekunden	120 Sekunden
Wiederholungen	20	15	10	8
Intensität	60 – 80 % ILB 20-RM	60 – 80 % ILB 15-RM	60 – 80 % ILB 10-RM	60 – 80 % ILB 8-RM
Tempo	2 – 0 – 2	2 – 0 - 2	2 – 0 - 2	2 – 0 - 2

3.1 Begründung der Trainingsmethoden

Im Anamnsegespräch äußerte meine Kundin als primäres Ziel den Muskelaufbau, wes-
halb der Fokus des ersten Makrozyklus auf der Hypertrophie liegt. Zwar betreibt meine
Klientin schon seit mehreren Jahren Kraftsport und wird daher unter normalen Umstän-
den als Leistungssportler eingestuft, jedoch startet die Trainingsplanung direkt nach der
Rehabilitation, weswegen im ersten Mesozyklus die Methode des Kraftausdauertrai-
nings angesetzt wird um die Intensität gering zu halten. Hierdurch kann sich aktiver und
passiver Bewegungsapparat adäquat an die Belastung anpassen und so den Körper an
die höheren Intensitäten im späteren Makrozyklusverlauf vorbereiten.

Um meine Kundin optimal an die hohen Belastungen beim Hypertrophietraining vorbereiten zu können, wird anschließend an das Muskelausdauertraining ein Übergangstrai-
ning angesetzt. Dieses kennzeichnet sich zwar durch eine höhere Intensität, allerdings
weist es weniger Wiederholungen auf. Es hat zum Ziel eine „sprunghafte Belastungssteigerung[…] [zu] verm[ei]den" und so nach Schnabel (2011, S. 250) die „Prävention
von Verletzungen zu gewährleisten", was für meine Kundin eine besonders hohe Wichtigkeit hat, da sie nach einer langen Verletzungspause wieder einsteigt.

Nach der erfolgten Anpassung des Körpers an die Belastung des Krafttrainings in den ersten beiden Mesozyklen, kann nun eine höhere Intensität auf den Körper wirken. Weswegen in Mesozyklus III nun ein extensives Hypertrophietraining veranschlagt werden kann. Dieses dient zu Muskelquerschnitterhöhung, wodurch sowohl das Skelett als auch die Gelenke entlastet bzw. widerstandsfähiger werden (Pauls, 2011, S. 24-26). Hierdurch kann in einem späteren Zyklus eine noch höhere Intensität auf den Körper wirken.

Im anschließenden vierten Mesozyklus wird mit einem intensiven Hypertrophietraining gearbeitet, das heißt die Testperson absolviert die Übungen mit weniger Wiederholungen, aber mit höherer Intensität als im vorangegangenen Zyklus. Die Kundin trainiert hier weiter im Muskelaufbau, fördert mit dieser Trainingsmethode aber auch effizient die Reduktion des Körperfettanteils (Moosburger, 1998, S. 4).

Zusätzlich ist noch zu erwähnen, dass vor jedem Mesozyklus ein erneuter Krafttest, mit Hilfe der ILB-Methode und der im folgenden Zyklus bestimmten Wiederholungszahl, absolviert wird.

3.2 Begründung der Belastungsparameter

Die Kundin absolviert in den ersten beiden Mesozyklen zwei Einheiten pro Woche, in denen Sie mit zwei Übungen pro Muskelgruppe in zwei Sätzen trainiert, um sich adäquat an die Belastungen anpassen zu können. In den Hypertrophiezyklen wird die Trainingshäufigkeit gesteigert, sodass in Mesozyklus III drei Einheiten pro Woche und in Mesozyklus IV wünschenswerter Weise vier Einheiten pro Woche angesetzt sind. Die Kundin betreibt zwar zusätzlich zum Krafttraining noch eine zeitintensive Ausdauersportart, möchte nach eigener Aussage aber dennoch vier Kraftsporteinheiten pro Woche absolvieren. Auch werden im Hypertrophietraining die Sätze pro Übung auf drei beziehungsweise vier erhöht. Innerhalb eines Mesozyklus wird die Intensität der Belastung kontinuierlich progressiv von 60% auf 80% gesteigert (Eifler, 2013, S. 73), da der Körper präoperativ gut trainiert war, wird er sich schnell wieder an die Belastung gewöhnen.

3.3 Begründung der Organisationsform

Im ersten Mesozyklus setze ich auf ein Ganzkörper Kreistraining. Hier „werden alle Übungen hintereinander in mehreren Durchgängen ausgeführt" (Sukopp, 2016, S. 72). Das Ganzkörpertraining wird angesetzt um die Körpermuskulatur ganzheitlich aufzubauen und nicht zu früh zu viel Belastung auf das operierte Gelenk zu bringen. Nach

Sukopp zählt das Kreistraining zum „Metabolic Conditioning". Dieses ist mit einer hohen Stoffwechselaktivität und damit hoher Fettverbrennung verbunden (Acker, 2020), wodurch das zweite Ziel meiner Kundin – die Fettreduktion – schneller erreicht werden kann.

In den folgenden beiden Zyklen wird auf ein Stationstraining umgestiegen. Hier „wird der gesamte vorgesehene Reizumfang für (…) eine Muskelgruppe in (…) mehreren Durchgängen vollständig [bis zu Erschöpfung] trainiert, bevor die nächste Übung erfolgt" (Pauls, 2011, S. 73).

In Mesozyklus IV hat sich der Organismus sowie aktiver und passiver Bewegungsapparat aber auch das operierte Gelenk genug an die Intensitäten angepasst, sodass ein Splittraining durchgeführt werden kann. Hier wird aufgrund von Zeitmangel der Kundin nur ein Oberkörper-Unterkörper-Split verordnet.

3.4 Begründung der Periodisierung

Nach Eifler (2013, S. 57) kennzeichnet sich die klassische Form der Periodisierung im Krafttraining mit „progressiv ansteigenden Intensitäten bei gleichzeitig regressiv abnehmenden Wiederholungszahlen" und wird als Block- oder lineare Periodisierung bezeichnet. Sie hat die Kraftmaximierung zum Ziel.

4 Trainingsplanung Mesozyklus

4.1 Darstellung Mesozyklus I

Tabelle 8: Darstellung Mesozyklus I (eigene Darstellung)

Zyklusdauer	6 Wochen
Trainingsziel	Kraftausdauer
Trainingseinheiten / Woche	2
Organisation	Ganzkörper Kreistraining
Übungen / Muskelgruppe	1 – 2
Sätze / Übung	2
Satzpause	30 Sekunden
Wiederholungen	20
Tempo	2 – 0 – 2

Tabelle 9: Übungsauswahl (identisch mit 20-RM-Test) mit progressiver Belastungssteigerung (eigene Darstellung)

Übung	Woche 1	Woche 2	Woche 3	Woche 4	Woche 5	Woche 6
Intensität in % (ILB-Methode)	60	60	65	70	75	80
Beinpresse sitzend	33 kg	33 kg	35,75 kg	38,5 kg	41,25 kg	44 kg
Latzug	16,5 kg	16,5 kg	18 kg	19,25 kg	20,5 kg	22 kg
Brustdrücken (horizontal)	13,5 kg	13,5 kg	14,5 kg	15,75 kg	16,75 kg	18 kg
Rudern	15 kg	15 kg	16,25 kg	17,5 kg	18,75 kg	20 kg
Rumpfextension	10,5 kg	10,5 kg	11,25 kg	12,25 kg	13 kg	14 kg
Rumpfflexion	12 kg	12 kg	13 kg	14 kg	15 kg	16 kg

4.2 Begründung der Übungsauswahl

Im ersten Mesozyklus trainiert die Kundin ausschließlich an Maschinen, da hier stets ein geführter Bewegungsablauf vorherrscht, wodurch die Ausführung koordinativ deutlich weniger anspruchsvoll ist, als beispielsweise bei Übungen mit freien Gewichten

(Haber, 2018, S. 174). Hierdurch können nach Zägelein (2013, S. 166) Fehlbelastungen und die daraus resultierenden Verletzungen vermieden werden.

4.3 Begründung der einzelnen Übungen

4.3.1 Beinpresse sitzend

Tabelle 10: Begründung der Beinpresse sitzend (eigene Darstellung)

Primär beteiligte Muskeln	Nutzen
- Musculus quadriceps femoris - Musculus glutaeus maximus - Musculus biceps femoris - Musculus semitendinosus - Musculus semimembranosus - Musculus tensor fasciae latae	Vor allem die Stärkung des M. Glutaeus maximus ist von großer Bedeutung für das aufrechte Stehen, da er nach Michler (2010, S. 23) das „Nach-hinten-Kippen des Beckens" verursacht. Zudem stabilisieren die Oberschenkel- und Gesäßmuskeln das operierte Hüftgelenk meiner Kundin.

4.3.2 Latzug an der Maschine

Tabelle 11: Begründung Latzug (eigene Darstellung)

Primär beteiligte Muskeln	Nutzen
- Musculus latissimus dorsi - Musculus teres major - Musculus deltoideus pars spinata - Musculus biceps brachii - Musculus brachialis - Musculus brachioradialis	Diese Übung eignet sich besonders für die Stärkung des großen Rückenmuskels (m. latissimus dorsi), was die Rückenschmerzen meiner Kundin deutlich verbessern wird. Außerdem werden noch fünf weitere Muskeln beansprucht, wodurch zusätzlich noch die Arme trainiert werden. Hierin erkennt man das Ganzkörpertraining.

4.3.3 Bankdrücken an der Maschine

Tabelle 12: Begründung horizontales Bankdrücken (eigene Darstellung)

Primär beteiligte Muskeln	Nutzen
- Musculus pectoralis major - Musculus deltoideus pars clavicularis - Musculus triceps brachii - Musculus anconeus	Der größte individuelle Nutzen, den meine Kundin aus dieser Übung ziehen kann, ist die Kräftigung der Brustmuskeln und des Triceps (MacKenzie, 2016, S. 225). Zum einen hilft die Brustmuskulatur beim Einatmen, als auch bei der aufrechten Haltung, da er die Schultern senkt (Michler, 2010, S. 17).

4.3.4 Rudern an der Maschine

Tabelle 13: Begründung des Ruderns (eigene Darstellung)

Primär beteiligte Muskeln	Nutzen
- Musculus trapezius pars transversa - Musculus rhomoidei - Musculus latissimus dorsi - Musculus deltoideus pars spinata - Musculus biceps brachii - Musculus brachialis - Musculus brachioradialis	Durch die Kräftigung der Rhomboiden werden die Schulterblätter zusätzlich nach hinten gezogen, wodurch sich die allgemeine Haltung verbessert und die Rückenbeschwerden im Brustwirbelsäulenbereich meiner Kundin verbessert werden (Michler & Michler, 2010, S. 23).

4.3.5 Rumpfextension an der Maschine

Tabelle 14: Begründung der Rumpfextension (eigene Darstellung)

Primär beteiligte Muskeln	Nutzen
- Musculi erector spinae	Bei der Rumpfextension werden die diversen Rücken- und Zwischenwirbelmuskeln – auch Wirbelsäulenaufrichter genannt – zur aufrechten Haltung gestärkt. Diese unterstützen die Kundin beim täglichen Sitzen in der Arbeit und verbessern so ihre Rückenbeschwerden (Evans, 2013, S. 66)

4.3.6 Rumpfflexion an der Maschine

Tabelle 15: Begründung der Rumpfflexion (eigene Darstellung)

Primär beteiligte Muskeln	Nutzen
- Musculus rectus abdominis - Musculus obliquus externus abdominis - Musculus obliquus internus abdominis	Die Rumpfflexion stärkt vorrangig die großen Bauchmuskeln. Diese verhindern das nach-hinten-Kippen des Beckens, wodurch das Hohlkreuz langfristig verbessert wird (Michler & Michler, 2010, S. 26).

5 Literaturrecherche zu „Effekte des Krafttrainings bei Rückenbeschwerden"

Tabelle 16: Wissenschaftliche Studie zum Thema "Effekte von Ganzkörper-Elektromyostimulation bei Rückenschmerzen (eigene Darstellung)

Wer hat die Studie durchgeführt?	Weissenfels, A., Teschler, M., von Stengel, S., Kohl, M., Kemmler, W.
Publikation	2017
Forschungsfrage	Ob/wie wirkt sich die Ganzkörper-Elektromyostimulation (WB-EMS) auf die Stärke und Häufigkeit von Rückenschmerzen aus?
Versuchspersonen	**Trainingsgruppe:** Teilnehmer (w/m): 17 (12/5) Alter: 70,1 ± 7,9 Sportlich aktiv: 47% **Kontrollgruppe:** Teilnehmer (w/m): 19 (13/6) Alter: 71,4 ± 6,9 Sportlich aktiv: 42%
Versuchsaufbau	**Trainingsgruppe:** <u>Basisdaten:</u> - 14 – 52 Wochen - WB-EMS Protokoll von miha-bodytec: bipolar, 85 Hz, 350µs <u>Ablauf:</u> Eine EMS Einheit (1,5 Mal pro Woche) dauerte zwischen 16 und 25 Minuten mit 4-6 Sekunden Stimulation und 4 Sekunden Pause. In der Stimulisationszeit wurden gering intensive dynamische Übungen ausgeführt. Das subjektive Belastungsempfinden lag zwischen 5 und 7 (nach Boeckh-Behrens) **Kontrollgruppe:** Die Kontrollgruppe änderte nichts an ihrer normalen Lebensweise und körperlicher Aktivität. Die aktive Kontrollgruppe absolvierte 1,5 Mal pro Woche ein 18-minütiges gering intensives Vibrationstraining (Vibrafit).
Ergebnisse/ Schlussfolgerungen	Die Schmerzstärke der Trainingsgruppe verbesserte sich im Gegensatz zur Kontrollgruppe deutlich. Jedoch verbesserte sich die Schmerzhäufigkeit bei beiden Gruppen gleich viel. Schlussfolgernd lässt sich feststellen, dass WB-EMS durchaus eine Möglichkeit zur Verbesserung von Rückenbeschwerden ist. Hierzu sollen in Zukunft jedoch weitere, aussagekräftigere Studien durchgeführt werden.

Tabelle 17: Wissenschaftliche Studie zum Thema "Effektivität eines maschinengestützten Kraft-trainings der Rückenmuskulatur" (eigene Darstellung)

Wer hat die Studie durchgeführt?	Huber, G.
Publikation	2008
Forschungsfrage	Effektivität eines maschinengestützten Krafttrainings der Rückenmusku-latur im Projekt „Kraftwerk" der Daimler AG
Versuchspersonen	<u>Trainingsgruppe:</u> Teilnehmer (w/m): 1000 (110/890) Alter: 38 bestehende Rückenbeschwerden: 75%

Versuchsaufbau	- Kraftmessung zu Beginn und nach 16 bzw. 32 Trainingsterminen
	- Ausfüllen von Fragebögen zur:
	  - subjektiven Lebensqualität (SF36)
	  - rückenbezogenen Funktionseinschränkungen (FFBH)
	  - subjektive Belastung am Arbeitsplatz

Ergebnisse/ Schlussfolgerun-gen	- Signifikante Verbesserung der körperlichen Leistungsfähigkeit, insbe-sondere in der Kraft der Lumbalextensoren - Referenzwert: 0,55 → hochsignifikant - Durch verbesserte Kraft auch signifikant bessere FFBH-Werte - Veränderung rückenbezogener AU-Tage (M54 nach ICD10): Reduzie-rung der AU-Tage um 35%

6 Literaturverzeichnis

Acker, E. (2020). *Mit Metabolic Training das Maximum erzielen.* Verfügbar unter https://trainer-magazine.com/mit-metabolic-training-das-maximum-erzielen/

Bohlen, A., Boll, M., Schwarzer, M., Groneberg, D.A. (2014). Body-Mass-Index. In *Zentralblatt für Arbeitsmedizin, Arbeitsschutz und Ergonomie.* 64. 415-429. Berlin: Springer.

DGSP (Hrsg.). (2007). Hinweise und Erläuterungen zum klinischen Untersuchungsbogen (Anlage 4). In *Leitlinie Vorsorgeuntersuchung im Sport.* 26.

Eifler, C. (2013). *Empirische Überprüfung der Effekte verschiedener Ansätze zur Intensitätssteigerung im fitnessorientierten Krafttraining.* Dissertation. Universität der Saarlandes, Saarbrücken.

Evans, N. (2013). *Bodybuilding Anatomie.* Grünwald: Stiebner Verlag GmbH.

Haber, P. (2018). *Trainingsmethoden.* In Leitfaden zur medizinischen Trainingsberatung. Berlin: Springer.

Haupert, M. (2007). *Zur Belastungsbestimmung im fitnessorientierten Krafttraining. Eine explorative Studie zur Methodik.* Dissertation. Universität des Saarlandes, Saarbrücken.

Huber, G. (2008). Krafttraining und Prävention von Rückenschmerzen – Aus dem Institut für Sport und Sportwissenschaft der Universität Heidelberg. *Orthopädische Praxis.* 44(3). 107-110.

MacKenzie, B. (2016). *Kraft, Schnelligkeit, Ausdauer – Die Revolution des Ausdauer trainings.* München: riva Verlag.

Manica, G., Fagard, R., Narkiewicz, K., Redòn, J., Zanchetti, A., Böhm, M., et. al. (2013). 2013 ESH/ESC Guidelines for the management of arterial hypertension: the Task Force for the management of arterial hypertension of the European Society of Hypertension (ESH) and of the European Society of Cardiology (ESC). *Journal of hypertension, 31*(7), 1281-1357.

Michler, P. & Michler, M. (2010). *Gymnastik – aber richtig.* (6. Auflage). Hard: Peter Michler Eigenverlag.

Moosburger, K.A., (1998). *Fettverbrennung im Sport: Mythos und Wahrheit.* Verfügbar unter www.dr-moosburger.at/wp-content/uploads/pub031.pdf

Pauls, J. (2011). *Krafttraining – Die 100 Prinzipien.* Grünwald: Stiebner Verlag.

Pauls, J. (2014). *Das große Buch vom Krafttraining.* Grünwald: Stiebner Verlag.

Schaal, S., Kunsch, K. & Kunsch, S. (2016). Der Körper des Menschen. In *Der Mensch in Zahlen.* (4. Aufl.). Berlin: Springer.

Schnabel, G. (2011). *Trainingslehre – Trainingswissenschaft: Leistung – Training-Wettkampf.* Aachen: Meyer & Meyer Verlag.

Sukopp, T. (2016). *Kettlebelltraining für Fortgeschrittene.* München: riva Verlag.

Weineck, J. (1998). *Sportbiologie* (6. Aufl.). Balingen: Spitta.

Weissenfels, A., Teschler, M., von Stengel, S., Kohl, M., Kemmler, W. (2017). Effekte von Ganzkörper-Elektromyostimulisation bei Rückenschmerzen. *Deutsche Zeit schrift für Sportmedizin.* 68(12). 295-299.

Zägelein, W. (2013). *Muscles for life.* In Move for life. Berlin: Springer.

7 Tabellenverzeichnis

Tabelle 1: Allgemeine und biometrische Daten (eigene Darstellung)...........................4

Tabelle 2: Einteilung des Body-Mass-Index nach der World Health Organisation (modifiziert nach Bohlen et al., 2014, S. 417)..5

Tabelle 3: Einteilung des HBU (Taille-Hüft-Quotient) nach der DGSP (2007, S. 26)......5

Tabelle 4: Klassifikation des Blutdrucks nach der American Heart Association (modifiziert nach Manica et al., 2013, S. 1286)..6

Tabelle 5: Belastbarkeit und Trainierbarkeit anhand des allgemeinen Gesundheitszustandes (eigene Darstellung)..6

Tabelle 6: Ergebnisse des 20-RM-Tests für Mesozyklus 1 (eigene Darstellung)..............7

Tabelle 7: Darstellung der Ziele..9

Tabelle 8: Darstellung Mesozyklus I (eigene Darstellung)..13

Tabelle 9: Übungsauswahl (identisch mit 20-RM-Test) mit progressiver Belastungssteigerung (eigene Darstellung)..13

Tabelle 10: Begründung der Beinpresse sitzend (eigene Darstellung)...........................14

Tabelle 11: Begründung Latzug (eigene Darstellung)..14

Tabelle 12: Begründung horizontales Bankdrücken (eigene Darstellung)......................14

Tabelle 13: Begründung des Ruderns (eigene Darstellung)..15

Tabelle 14: Begründung der Rumpfextension (eigene Darstellung)...........................15

Tabelle 15: Begründung der Rumpfflexion (eigene Darstellung)...........................15

Tabelle 16: Wissenschaftliche Studie zum Thema "Effekte von Ganzkörper-Elektromyostimulation bei Rückenschmerzen (eigene Darstellung)..16

Tabelle 17: Wissenschaftliche Studie zum Thema "Effekte maschinengestützten Krafttrainings in Der Behandlung chronischen Rückenschmerzes" (eigene Darstellung)......17

BEI GRIN MACHT SICH IHR
WISSEN BEZAHLT

- Wir veröffentlichen Ihre Hausarbeit,
  Bachelor- und Masterarbeit

- Ihr eigenes eBook und Buch -
  weltweit in allen wichtigen Shops

- Verdienen Sie an jedem Verkauf

Jetzt bei www.GRIN.com hochladen
und kostenlos publizieren